Compte-rendu du service chirurgical et orthopédique des Enfants-assistés.

Par le Dr KIRMISSON
Chirurgien de l'Hôpital des Enfants-Assistés

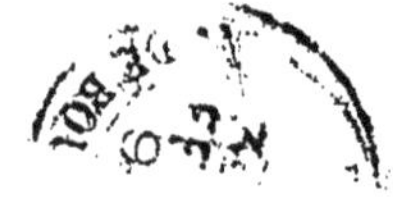

Éditeur

Extrait de la Revue d'Orthopédie

COMPTE RENDU

DU SERVICE CHIRURGICAL ET ORTHOPÉDIQUE

DES ENFANTS-ASSISTÉS

Du 1er Décembre 1890 au 1er Décembre 1891

Par M. le Dr E. KIRMISSON

Suivant le programme que nous nous sommes tracé, nous mettons sous les yeux de nos lecteurs le compte rendu de notre service chirurgical et orthopédique aux Enfants-Assistés pour l'année 1891. C'est le 1er décembre 1889 que fut ouverte la consultation externe attachée à notre service (1). Aussi faisons nous partir notre statistique du 1er décembre de chaque année.

Pendant l'année qui vient de s'écouler, de sérieux progrès ont été réalisés dans l'installation de cette consultation. Dans son état actuel, elle comprend cinq pièces; on en aura, du reste, une bonne idée en jetant les yeux sur le plan annexé à ce compte rendu, plan que nous devons à l'obligeance d'un de nos élèves, M. Burais. Une première pièce A, s'ouvrant sur la rue Denfert-Rochereau,

(1) Voyez *Revue d'Orthopédie*, 1er janvier 1891. — Les consultations chirurgicales des Enfants-Assistés ont lieu les mardi, jeudi et samedi, à neuf heures.

est la salle d'attente des malades. De là, les consultants accèdent dans une seconde pièce B, qui est à la fois la salle d'opérations et la salle d'examen des malades nou-

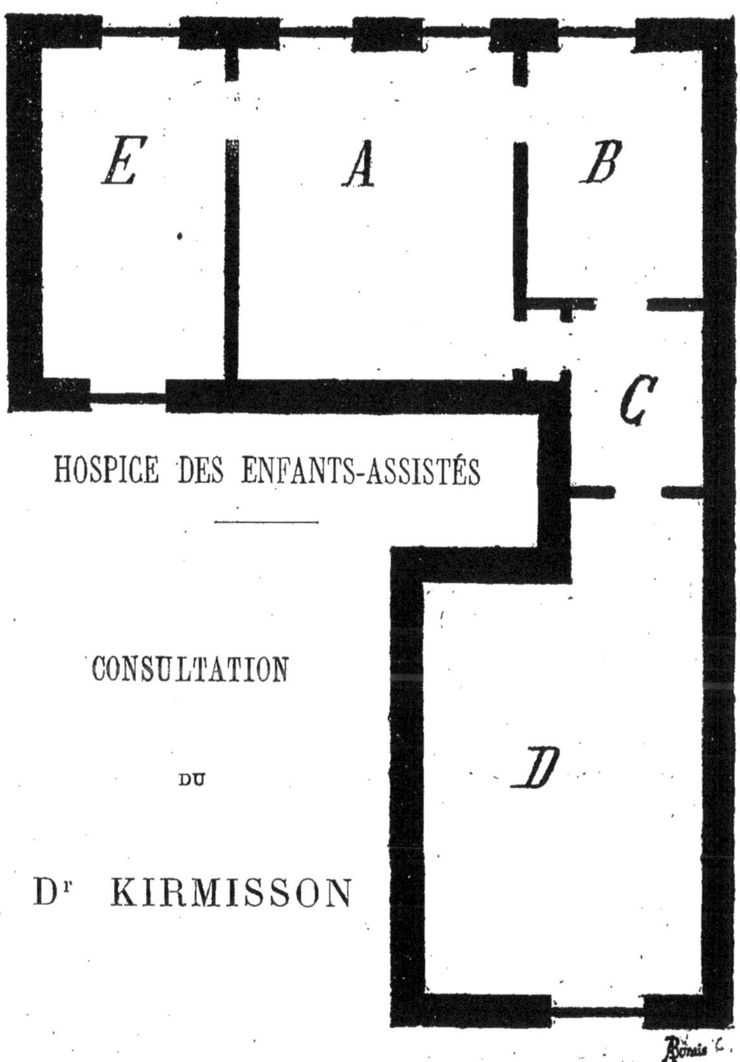

A. Salle d'attente des malades. — B. Salle d'opérations et d'examen des malades. — E. Salle des pansements. — C. Dépôt des moulages. — D. Salle de gymnastique orthopédique et appareils mensurateurs pour les déviations du rachis.

veaux. Chacun de ceux-ci est inscrit sur un registre qui porte à la fois le nom, l'âge, l'adresse du malade, le diagnostic de sa maladie, enfin le numéro d'ordre suivant lequel le malade se présente à la consultation. Ce numéro d'ordre est répété sur une carte qui est remise au consultant, et que celui-ci rappporte à chaque fois qu'il se présente. Cette carte avec son numéro sert à retrouver sur le registre tous les renseignements relatifs à chaque malade. En outre, lorsque le cas qui se présente à nous possède un intérêt scientifique particulier, l'observation tout entière est consignée sur des fiches spécialement préparées à cet effet, et classées méthodiquement suivant les différentes rubriques que comporte la chururgie orthopédique.

De la salle d'attente les malades peuvent également accéder dans une troisième pièce E, où se font les pansements. Cette même pièce est pourvue d'un appareil à suspension de Sayre pour la confection des appareils plâtrés ; elle possède également les appareils nécessaires au traitement des malades par l'électricité : courants continus et courants interrompus. Depuis les deux années que dure le fonctionnement de la consultation, un élève de nos hôpitaux, M. Jordanis, qui s'occupe d'une manière spéciale des traitements par l'électricité, a bien voulu bénévolement venir à chaque séance pratiquer le traitement de nos malades. Nous espérons que l'Assistance publique voudra bien reconnaître son assiduité et son zèle en lui accordant désormais une indemnité.

La quatrième pièce C, est un lieu de passage où se trouve réunie la collection de nos moulages, et qui conduit dans une vaste salle D, où sont disposés tous les appareils orthopédiques nécessaires au traitement de la scoliose.

Les frais nécessités par l'établissement de la consultation, le temps et les fatigues que nous ont coûté son bon fonctionnement, n'ont d'ailleurs pas été dépensés en pure perte. Bientôt en effet les malades se sont présentés en grand nombre. Déjà, la première année, nous avions enregistré la présence de 471 *nouveaux* malades. Cette année, le nombre total des malades *nouveaux* s'est élevé à 677, soit 200 malades de plus que l'année précédente.

Sur ce total de 677 nouveaux malades, il y a eu 360 garçons et 377 filles.

Si nous cherchons quelle a été, dans chacun des mois de l'année, la proportion des malades nouveaux, nous trouvons :

Décembre 1890	32	malades nouveaux.
Janvier 1891	45	—
Février	38	—
Mars	49	—
Avril	81	—
Mai	74	—
Juin	100	—
Juillet	70	—
Août	49	—
Septembre	42	—
Octobre	58	—
Novembre	39	—
Total	677	malades nouveaux.

Quant au chiffre total des consultants, l'année passée, nous pouvions l'évaluer à 5,000; cette année, où les chiffres ont été relevés avec plus de rigueur, ce nombre a atteint 9,858 malades, se décomposant, pour chaque mois de l'année, de la façon suivante :

Années	Mois	Garçons	Filles	Totaux	
1890	Décembre	167	394	561	malades.
1891	Janvier	191	454	645	—
—	Février	197	442	639	—
—	Mars	214	522	736	—
—	Avril	300	643	943	—
—	Mai	312	621	933	—
—	Juin	320	709	1.029	—
—	Juillet	283	620	903	—
—	Août	213	512	725	—
—	Septembre	270	686	956	—
—	Octobre	290	665	955	—
—	Novembre	234	599	833	—
	Total général	2.991	6.867	9.858	malades.

On remarquera que, dans ce total général, le chiffre des filles est plus que double de celui des garçons. Cela se comprend aisément, si l'on réfléchit qu'un très grand nombre des malades qui viennent à la consultation y sont en traitement pour la scoliose, maladie infiniment plus fréquente chez les filles que chez les garçons.

Si nous cherchons parmi ces malades, ceux dont l'histoire peut être intéressante au point de vue de la chirurgie orthopédique, nous arrivons aux résultats suivants :

A. — *Scolioses.*

Le nombre total des malades qui se sont présentés à nous pour une scoliose a été de 92.

Dans ce chiffre, il y avait 75 filles et 17 garçons. Envisagées au point de vue de l'âge, ces 92 scolioses se répartissent de la façon suivante :

De 0 à 5 ans	8
De 5 à 10 ans	25
De 10 à 15 ans	41
De 15 à 20 ans	16
Au-dessus de 20 ans	2
Total	92

64 fois, il s'agissait de scolioses dorsales, dont 46 avaient leur convexité tournée à droite, et 18 une convexité gauche. 13 fois, la courbure occupait la région lombaire ; dans ce nombre, 6 avaient leur convexité dirigée à droite, et 7 à gauche. Les scolioses cervicales sont seulement au nombre de deux, l'une à convexité droite, l'autre à convexité gauche. 6 fois, la scoliose était dorso-lombaire, à convexité tournée à droite dans 1 cas, à gauche dans 5. Dans 4 cas, il s'est agi d'une scoliose totale, dont la courbe occupait toute la hauteur de la colonne vertébrale.

15 de nos scolioses étaient associées à un degré plus ou moins considérable de cyphose dorsale.

Pour ce qui est de l'étiologie, 2 fois nous avons eu affaire à des scolioses d'origine pleurétique.

30 fois, sur nos 92 cas de scoliose, nous avons noté une inclinaison vicieuse du bassin, sur ces 30 cas d'inclinaison vicieuse du bassin, il s'en est trouvé 21 dans lesquels l'inclinaison pelvienne était liée à une scoliose lombaire gauche; 8 fois seulement, il s'agissait de scoliose lombaire à convexité droite. Il n'existe pas une relation constante entre l'inclinaison vicieuse du bassin et le côté vers lequel est dirigée la convexité de la courbure lombaire; c'est ainsi que, sur les 21 cas de scoliose lombaire à convexité gauche, il s'en est trouvé 5 seulement dans lesquels l'épine iliaque antérieure et supérieure gauche était située plus bas que la droite; 16 fois, c'était au contraire l'épine iliaque droite qui était sur un plan inférieur à celle du côté gauche; 8 fois, la convexité de la courbure lombaire était tournée à droite, et sur ces 8 cas, 7 fois l'épine iliaque gauche était située au-dessus de la droite; 1 fois seulement, l'épine iliaque gauche était sur un niveau inférieur à celle du côté opposé.

3 fois, nous avons pu constater manifestement une tendance héréditaire, les mères de nos malades étant atteintes elles-mêmes de scolioses plus ou moins prononcées. Dans 2 cas, la scoliose était consécutive à l'existence d'un torticolis antérieur; une de nos malades avait été atteinte de chorée dans l'année qui avait précédé sa déformation. Une autre scoliose était remarquable par son origine professionnelle; la malade qui en était atteinte, grande jeune fille de seize ans, était occupée à mettre en mouvement avec la main droite une roue située au-dessous d'elle; pour y arriver, elle imprimait à son tronc une inflexion latérale vers la droite avec convexité tournée à gauche; elle fournissait dans cette attitude onze heures environ de travail par jour! Il en était résulté une scoliose totale à convexité gauche. Dans un cas, la scoliose était consécutive à une ankylose du genou droit dans la

demi-flexion. La convexité de la courbure lombaire était également tournée à droite.

Dans deux cas, la scoliose s'est montrée chez des enfants qui avaient été atteints antérieurement de paralysie infantile; pour l'un d'eux, le côté sur lequel portait la paralysie n'a pas été noté. Chez l'autre, il s'agissait d'une scoliose lombaire primitive à convexité gauche; or, cet enfant avait eu une paralysie infantile du membre inférieur gauche, et présentait de ce côté un raccourcissement d'un fort centimètre.

Chez une seule de nos malades, nous avons constaté une inégalité de longueur des membres inférieurs; il s'agit d'une jeune fille de 13 ans présentant pour son âge une taille peu commune, 1 mètre 68. Elle est atteinte d'une scoliose à double courbure, ayant sa convexité tournée à droite à la région dorsale, à gauche à la région lombaire. Or, chez elle, le membre gauche, mesuré de l'épine iliaque antérieure et supérieure à la pointe de la malléole externe, a 98 centimètres de longueur, et le membre droit 97 centimètres.

Ce qui ressort très nettement de notre statistique, c'est la nature rachitique de la scoliose. Dans un grand nombre de cas, en effet, la déviation vertébrale coïncide avec d'autres manifestations évidentes du rachitisme. Un des faits les plus remarquables que nous ayons observés sous ce rapport, c'est celui d'une jeune fille de 18 ans qui présentait tous les attributs du rachitisme associé au nanisme. Sa taille mesure 1 mètre 24; elle porte une scoliose à double courbure, à convexité tournée à droite à la région dorsale, à gauche à la région lombaire. Les tibias sont le siège d'une forte incurvation à convexité dirigée en dehors, d'où l'aspect d'un double genu varum. Chez trois de nos malades, la scoliose était associée à l'existence du genu valgum; deux fois, le *genu valgum* était double; dans un cas, il était simple. Dans un grand nombre de cas, nous avons noté l'existence de pieds plats valgus plus ou moins caractérisés. Chez une petite fille de 4 ans, une scoliose lombaire à convexité droite était liée à une incurvation considérable du fémur gauche, dont la convexité était dirigée en avant et en dehors. Chez un garçon de 8 ans, la scoliose totale à convexité gauche coïncidait avec une forte incurvation du tibia droit. Une jeune fille de 17 ans présentait, en même temps que la scoliose, une asymétrie considérable du crâne.

B. — *Pieds bots.*

Les pieds bots ont été au nombre de 46, dont 37 ont été observés chez des garçons, et 9 seulement chez des filles.

21 fois, la difformité était double; 19 fois, elle était simple, et siégeait 13 fois à droite, et 6 fois à gauche.

Quant à l'origine, 37 fois il s'agissait de pieds bots congénitaux; dans 3 cas, la difformité était d'origine paralytique; dans 6 cas, la nature est restée indéterminée.

Pour ce qui est des formes anatomiques, nous avons noté :

Varus équin..................................	34
Equin pur..................................	3
Talus valgus..................................	11

Quant aux particularités spéciales à certains faits, nous avons pu observer deux jeunes frères, l'un de 4 ans, l'autre de 5 ans 1/2, tous deux atteints d'un double pied bot varus équin d'origine congénitale.

Nous noterons aussi d'une manière spéciale le cas d'une petite fille de 8 ans, présentant, en même temps qu'un pied bot varus équin congénital du côté gauche, des malformations multiples du côté des orteils et des doigts. Sur le pied atteint de pied bot, le squelette du gros orteil est atrophié ; il y a une mobilité anormale des articulations; la malade peut seulement imprimer à cet orteil de petits mouvements d'extension et d'abduction. Sur le pied droit, on trouve des malformations multiples des orteils; le gros orteil présente, à l'union de la première phalange avec la phalange unguéale, un sillon très profond analogue à celui de l'aïnhum. Le gros orteil est lui-même relié au second orteil, au niveau de la phalange unguéale, par une bride cutanée épaisse. Il existe, en outre, une bride qui, partant de la face plantaire des deux premiers orteils réunis, se dirige obliquement en bas et en dehors, et soude ces deux premiers orteils, avec le 4ᵉ et le 5ᵉ, qui sont eux-mêmes fusionnés.

La main droite présente les malformations suivantes : Le pouce se termine par un moignon conique portant à son sommet une petite cicatrice circulaire. Le squelette du pouce est réduit à une phalange rudimentaire ; la phalange unguéale est complètement absente ; le métacarpien est bien conformé ; la mobilité du pouce est intacte. L'index est représenté par un mamelon supporté par un pédicule étroit renfermant dans son épaisseur un squelette solide. Le médius est beaucoup plus développé en longueur que l'index ; il est représenté par deux gros mamelons saillants séparés l'un de l'autre par un sillon circulaire, et porte à sa base un deuxième sillon d'étranglement qui le sépare du métacarpe ; il paraît posséder un squelette complet. L'annulaire est bien conformé, à part un sillon d'étranglement existant à la base de sa première phalange ; le petit doigt est normal.

A la main gauche, le pouce est normal, ainsi que le petit doigt ; l'index est légèrement déformé, gros, tordu sur lui-même, présentant des troubles trophiques de l'ongle. Le médius est amputé de sa dernière phalange ; il est terminé en massue et ne possède pas d'ongles ; l'annulaire est plus court encore que l'index.

Nous avons interrogé les parents de cette enfant pour tâcher de saisir quelque renseignement qui nous mît sur la trace de la pathogénie. Disons-le tout de suite, nous n'avons rien obtenu, sinon que la mère a été souffrante pendant toute la durée de sa grossesse ; on n'a rien remarqué de particulier au moment de l'accouchement. Le père et la mère ne sont pas parents entre eux, ils ne connaissent pas de difformités analogues dans leurs familles.

....

Il est à noter que 15 fois, c'est-à-dire dans un tiers des cas environ, les pieds bots que nous avons eu sous les yeux avaient récidivé à la suite d'une ou de plusieurs ténotomies.

Pour ce qui est du traitement, dans 10 cas, nous avons pu nous contenter du massage et de l'application d'appareils ; une fois, nous avons réussi à obtenir le redressement par la réduction forcée de la difformité sous le chloroforme. Nous avons pratiqué 9 fois la ténotomie sous-cutanée du tendon d'Achille, et 8 fois celle de l'aponévrose plantaire ; enfin, 12 fois, nous avons eu recours à l'opération de Phelps, c'est-à-dire à la section sur le côté interne du pied de toutes les parties molles dont la rétraction met obstacle à la réduction, section suivie d'une large arthrotomie de l'articulation médio-tarsienne, et dans certains cas, de la ténotomie sous-cutanée du tendon d'Achille.

Nos 12 opérations de Phelps ont porté sur 8 malades ; sur 4 d'entre eux, l'opération a été double, les 4 autres ont été opérés sur un seul des deux pieds. Il est à peine besoin de répéter ici que nous ne faisons la section à ciel ouvert que dans les cas qui résistent aux autres méthodes de traitement, massage et port d'appareils, réduction forcée, ténotomie sous-cutanée. Pour que le fait soit bien établi cependant, je dirai que tous les malades qui ont été opérés portaient une difformité des plus graves, qui, chez tous, était la conséquence d'une récidive. 8 des pieds soumis par nous à la section à ciel ouvert avaient subi antérieurement une section sous-cutanée du tendon d'Achille ; dans 3 cas, il y avait eu deux ténotomies successives ; enfin, une petite fille de 7 ans avait subi sans succès trois ténotomies sous-cutanées du tendon d'Achille, la première à l'âge de 20 jours ; une seconde à 10 mois, enfin une troisième à l'âge de 23 mois. Chez cette enfant, l'opération de Phelps nous a permis d'obtenir un résultat excellent, ainsi qu'on a pu le constater, lorsque nous avons présenté la malade à la Société de chirurgie (1).

C. — *Pieds plats valgus et pieds creux.*

Nous avons compté 9 malades atteints de pied plat valgus, 2 filles et 7 garçons; 6 fois la difformité était double; 3 fois, elle intéressait seulement l'un des deux pieds. Chez trois autres malades, la difformité ne s'accompagnait pas de douleurs.

Quant aux pieds creux, nous en avons recueilli 5 exemples; dans deux des cas, un degré plus ou moins marqué d'équinisme s'ajoutait au pied creux, aussi a-t-il été nécessaire de faire la section sous-cutanée du tendon d'Achille. Dans les 3 autres cas, nous avons pu nous contenter de la section de l'aponévrose plantaire.

D. — *Déviations rachitiques des tibias.*

Les déviations rachitiques des tibias observées à la consultation ont été au nombre de 26, dont 15 existaient chez des garçons, et 11 chez des filles. De ces déviations, 3 ont été observées dans le cours de la première année, 14 pendant la seconde année; 3 dans la troisième, et 3 dans la quatrième année, enfin, 3 à l'âge de 5 ans ou au-dessus.

E. — *Genu valgum et varum.*

Le total des cas observés est de 27, portant sur 12 filles et 15 garçons. Dans 8 de ces cas, la difformité était double; 19 fois, elle était simple; dans ces derniers cas, le genu valgum s'est observé presque avec la même fréquence sur les deux côtés, puisque la difformité siégeait 9 fois à droite, et 10 fois à gauche.

(1) Voyez *Bul. et Mém. de la Soc. de Chir.*, 15 juillet 1891.

14 fois nous sommes intervenus au moyen du redressement lent par les appareils; 3 fois, nous avons pratiqué l'ostéoclasie, et 2 fois l'ostéotomie.

Les genu varum ont été au nombre de 3, portant sur 2 filles et 1 garçon; la difformité était double et associée à d'autres manifestations rachitiques.

F. — *Luxations congénitales de la hanche.*

Les cas qui se sont présentés à notre consultation ont été au nombre de 16, dont 15 existaient chez des filles, et 1 seulement chez un garçon.

De ces 16 luxations, 6 étaient doubles; 5 atteignaient la hanche droite, et 5 la hanche gauche. Dans la plupart des cas, les enfants ont commencé à marcher fort tard, vers 18 mois ou 2 ans, et, dans 7 observations, il est noté expressément que la claudication a été remarquée, dès que l'enfant a fait ses premiers pas. Dans un de nos faits, la difformité a été observée dès la naissance. Enfin, dans deux cas, nous trouvons notée l'hérédité; une fois c'était la mère de la malade, une autre fois le grand-père maternel qui boitait de naissance.

G. — *Torticolis.*

Nous avons à relater 4 cas de torticolis; dans 2 cas, il s'agissait de torticolis musculaire. Dans l'un de ces faits relatif à une petite fille de 6 ans, il s'agissait d'un torticolis du sterno-mastoïdien droit, la rétraction était limitée au faisceau claviculaire, et nous avons pu nous contenter de la section sous-cutanée de ce faisceau.

Dans le second cas, au contraire, la rétraction portait sur la totalité du sterno-mastoïdien gauche, il s'agissait d'ailleurs d'une récidive. Le redressement a nécessité la section à ciel ouvert de toute l'épaisseur du muscle.

Un torticolis lié à un mal de Pott sous-occipital a exigé le redressement sous le chloroforme, suivi de l'application d'un appareil plâtré. Dans un quatrième cas, il s'agissait d'un torticolis consécutif à un phlegmon du cou.

Des faits précédents nous rapprocherons le cas d'un enfant d'un mois, présentant dans l'épaisseur du sterno-mastoïdien droit une petite tumeur du volume d'une noisette. Bien que la tumeur fût développée surtout dans l'épaisseur du chef sternal, cependant les deux tendons du muscle participaient à la rétraction. Mais il n'y avait pas de torticolis véritable ; l'enfant pouvait tourner la tête aussi bien à droite qu'à gauche. Fait important, la mère est accouchée un peu avant terme et l'accouchement a eu lieu par le siège ; l'enfant est venu au monde presque asphyxié, ayant autour du cou un circulaire du cordon.

Nous rappellerons que, déjà l'année dernière, nous avions observé un cas de tumeur du sterno-mastoïdien droit chez une petite fille de dix-huit jours, et que, dans ce fait, comme le cas actuel, l'accouchement s'était fait par le siège.

H. — *Coxalgie.*

Les coxalgies ont été au nombre de 32, dont 16 existant chez des filles, et 16 chez des garçons, 15 fois la maladie siégeait à droite, et 13 fois à gauche ; nous devons mentionner un cas de coxalgie bilatérale, circonstance exceptionnelle, comme on le sait.

16 de ces cas ont été traités par le redressement forcé sous le chloroforme ; dans un cas, il a fallu joindre au redressement forcé la ténotomie du couturier ; dans 4 cas, on a eu recours à l'immobilisation simple.

I. — *Mal de Pott.*

Nous avons compté 61 maux de Pott, dont 34 existant chez des garçons et 27 chez des filles.

Quant au siège, 7 occupaient la région cervicale, 9 la région dorsale supérieure, 19 la région dorsale moyenne et inférieure, 10 la région dorso-lombaire ; 15 la région lombaire; 4 fois, il s'agissait d'un mal de Pott à double foyer. Dans 2 de ces cas, l'un des foyers siégeait à la région cervicale, l'autre à la région dorsale; dans le quatrième cas, le mal de Pott occupait à la fois la région dorsale et la région lombaire.

Dans 17 cas, le mal de Pott se caractérisait par la gibbosité angulaire et médiane classique; 6 fois, il s'agissait d'une courbe plus ou moins arrondie; enfin, dans 4 cas, l'affection avait entraîné une déviation latérale du rachis, circonstance importante à connaître au point de vue du diagnostic avec la scoliose.

Sept fois, le mal de Pott s'accompagnait d'abcès; dans deux cas, il y avait paraplégie, et dans 1 cas, incontinence d'urine.

J. — *Autres tuberculoses osseuses et articulaires.*

35 malades nous ont présenté des exemples de tuberculoses osseuses et articulaires siégeant en des points autres que le rachis ou l'articulation coxo-fémorale. Dans ce nombre, il y avait 20 garçons, et 15 filles.

12 fois, ces affections ont nécessité une intervention chirurgicale, qui a consisté, suivant les cas, en redressement, immobilisation, pointes de feu, etc.

K. — *Hernies.*

Les hernies congénitales ont été au nombre de 21, dont 19 observées chez des garçons, et 2 chez des filles.

. . . .

Nous arrêterons là cette énumération des cas observés à notre consultation, pour ne pas fatiguer l'attention du lecteur. Bien d'autres cas encore mériteraient d'être signalés. Nous citerons notamment deux faits d'angiomes volumineux siégeant l'un à la face, l'autre à la région antérieure du cou, et dont nous avons obtenu la guérison par des cautérisations répétées avec la pointe la plus fine du thermocautère.

Nous devons signaler encore un cas de malformation symétrique des deux articulations du coude chez un enfant présentant en outre un développement considérable du crâne. Cette malformation se traduit par une impossibilité de la flexion et de l'extension complète, et par une gêne des mouvements de pronation et de supination. En l'absence de tout renseignement, nous ne saurions dire quelle peut être l'origine d'une semblable malformation, pas plus que nous ne saurions préciser en quoi consistent les désordres anatomiques.

Il est encore un certain nombre de malformations congénitales dont nous ferons une mention spéciale à cause de leur intérêt. Un jeune homme de 21 ans, auquel nous avons donné des soins pour une affection chirurgicale porte une cicatrice verticale, qui, partant de la sous-cloison nasale, suit le bord gauche de la gouttière naso-labiale et donne tout à fait l'apparence d'une cicatrice résultant d'une opération de bec-de-lièvre. Chez lui, cette cicatrice existait au moment même de la naissance. La grand'mère paternelle présente la même disposition.

Nous signalerons encore un cas de spina bifida occulta, ou sans tumeur de la région sacrée qui a été publié dans ce recueil par notre interne M. Sainton (1).

Une petite fille de 24 jours nous a été présentée avec cette malformation de l'articulation du genou à laquelle on a donné le nom de luxation congénitale du tibia en avant, ou mieux de genu recurvatum. Chez cette enfant, la malformation occupe le genou droit ; ce qu'il y a de particulier, chez elle, c'est que, jusqu'ici nous n'avons pas pu obtenir la réduction. Cette petite fille est la même que nous avons présentée à la Société de chirurgie dans la séance du 2 décembre de cette année.

Nous devons signaler enfin un certain nombre de malformations portant sur les extrémités. Un enfant présen-

(1) Voyez *Revue d'Orthopédie*, 1891, n° 6.

tait un sillon congénital à la base du petit orteil droit ; un autre avait un pouce bifide à la main gauche ; chez un troisième, la malformation consistait en une flexion permanente du pouce gauche dans la paume de la main, sans que le doigt pût être ramené à sa position normale. Une malformation plus complexe consistait en une flexion forcée de tous les doigts de la main gauche dans la paume de la main. Le pouce a sa première phalange fléchie sur la seconde et sur le métacarpien correspondant. Tous les autres doigts sont fléchis à l'union de la première avec la deuxième phalange. La disposition des doigts les uns par rapport aux autres est la suivante : le médius et l'annulaire sont sur un plan postérieur ; le pouce, l'index et le petit doigt sont fléchis au-devant des deux autres. Cette disposition existait au moment de la naissance, et lorsque l'enfant nous a été présenté à l'âge de 15 jours, elle s'était plutôt atténuée.

Des faits précédents nous rapprocherons 4 cas de syndactylie qui se sont présentés à notre observation ; l'un d'eux siégeait symétriquement sur les deux mains.

Signalons encore un fait de luxation de l'index droit en arrière chez un jeune garçon. Au moment où l'enfant nous a été présenté, l'accident datait de 2 mois. La luxation avait résisté aux tentatives immédiates de réduction ; nous avons réussi à remettre les parties en place, en suivant la conduite qui a été préconisée par M. Farabeuf, c'est-à-dire en introduisant un ténotome au côté externe du tendon extenseur de l'index, et en sectionnant sur la face dorsale du métacarpien le ligament glénoïdien interposé aux surfaces articulaires.

Dans notre statistique de l'année précédente, nous signalions un cas de fistule urinaire congénitale de l'ombilic qui nous avait été adressé par le professeur Pinard. Nous avons appris que cet enfant dont l'état général était des plus précaires au moment où nous l'avons observé, a fini par succomber.

Nous sommes en mesure également de donner des nouvelles de l'enfant que nous signalions l'année dernière comme atteint d'une cicatrice congénitale de l'avant-bras droit, entraînant les symptômes d'une paralysie radiale incomplète. Cet enfant s'est bien développé; l'attitude vicieuse du membre est entièrement corrigée, tous les mouvements sont intacts, il reste seulement la cicatrice de la face dorsale de l'avant-bras.

OPÉRATIONS PRATIQUÉES A LA CONSULTATION

1° *Opérations pratiquées pour pieds bots et pieds creux.*

Elles sont au nombre de 36, dont :

Réduction forcée sous le chloroforme	1
Ténotomies du tendon d'Achille	9
Sections sous-cutanées de l'aponévrose plantaire.	11
Sections sous-cutanées du tendon d'Achille et de l'aponévrose plantaire	2
Opérations de Phelps	12
Arthrodèse pour pied bot paralytique	1

2° *Opérations pour tuberculoses osseuses ou articulaires.*

Ostéotomie du tibia pour courbure rachitique	1
Ostéoclasies pour genu valgum	3
Ostéotomies pour genu valgum	2
Incision et drainage	1
Redressements sous le chloroforme	25
Redressements et ténotomies	3
Grattages osseux	3
Ouvertures ou ponctions d'abcès	17
Sétons filiformes pour abcès	8

3° *Opérations diverses.*

Ablation d'une tumeur des gencives	1
Bec-de-lièvre (opération de Mirault d'Angers)	1
Ténotomie pour paralysie infantile	1
Orteils en marteau	2
Amygdalotomie double	1
Dilatation du prépuce	1

Incision, excision ou circoncision du prépuce... 3
Tumeur congénitale de la région temporale..... 1
Ptérygion.. 1
Torticolis, section sous-cutanée................ 1
Torticolis, section à ciel ouvert............... 1
Angiome de la face et du cou (cautérisations)..... 2
Ablation de ganglions inguinaux............... 1
Section du frein de la langue.................. 1
Syndactylie (M. Broca)........................ 1
Végétations adénoïdes du pharynx (grattage)... 1
Arthrotomie pour luxation de l'index,.......... 1

Ce qui nous donne un total de 120 opérations pour lesquelles nous n'avons à enregistrer, ni mort, ni accident opératoire.

OPÉRATIONS PRATIQUÉES DANS LE SERVICE INTÉRIEUR DE L'HOPITAL

Les opérations pratiquées dans le service intérieur de l'hôpital ont été au nombre de 102, se décomposant de la façon suivante :

1° *Opérations sur l'œil*........ 9

2° *Opérations de chirurgie générale.*

Palatoplasties.............................. 3
Bec-de-lièvre...................................... 4
Circoncisions...................................... . 2
Incisions et drainages d'abcès.................. 6
Fistule anale...................................... 1
Ablation de kystes sébacés de la paupière inférieure... 1
Drainage du tibia et du fémur.................. 1
Drainage du fémur seul.......................... 1
Redressements du genou sous le chloroforme.... 2
Laparotomie pour péritonite suppurée........... 1
Evidements osseux pour ostéomyélite............ 4
Redressement de la hanche....................... 1
Résection de la tête du fémur pour coxalgie suppurée... 1
Ablation de ganglions du cou...................... 1
Cautérisations ignées pour arthrites fongueuses. 3

Amygdalotomie double..........................	2
Empyème..	1
Cautérisation ignée d'ulcère tuberculeux de l'anus.	1
Ablation sous-périostée du calcanéum............	1
Ablation sous-périostée de la diaphyse tibiale....	1
Amputation de la cuisse au tiers inférieur.......	1

3° *Opérations orthopédiques.*

Ténotomies du tendon d'Achille.............	4
Résections pour ankylose vicieuse du genou.....	2
Autoplasties de la main..........................	3
Opérations de Phelps............................	9
Ténotomies du tendon d'Achille et de l'aponévrose plantaire..............................	4
Redressements de pieds bots sous le chloroforme.	4
Arthrodèses pour pied bot paralytique..........	2
Ostéoclasies manuelles de la jambe............	3
Ostéotomies sous-trochantériennes...........	2
Résection de la hanche pour ankylose vicieuse...	1
Résection de la hanche pour luxation non réduite.	1
Ténotomie du sterno-mastoïdien sous-cutanée...	1
Ténotomie du sterno-mastoïdien à ciel ouvert...	1
Opération de Hoffa pour luxation congénitale de la hanche.................................	1
Ostéoclasie manuelle du fémur pour genu valgum.	1

Ces 102 opérations pratiquées dans notre service nous ont donné 7 morts. Si nous les joignons aux 120 opérations de la consultation, cela nous fournit un total de 222 opérations avec 7 morts, soit une mortalité de 3,10 pour 100. Mais cette manière de présenter les résultats n'offre pas grand intérêt ; car il n'y a aucune comparaison à établir entre bon nombre d'opérations légères qui ne nous ont donné aucune mortalité, et un certain nombre d'opérations graves pour lesquelles la mortalité à été assez élevée. Ce qui est beaucoup plus intéressant et surtout beaucoup plus instructif, c'est d'analyser les causes de mort dans chaque cas particulier.

Nous avons perdu, disons-nous, 7 malades, soit :

Ostéotomies de la jambe	2
Bec-de-lièvre	1
Péritonite suppurée	1
Pleurésie purulente	1
Résections de la hanche	2

Dans nos deux cas d'ostéotomies de la jambe, la mort a été due à des complications intercurrentes, l'un des enfants a succombé à une broncho-pneumonie, l'autre à une attaque de choléra nostras, plusieurs semaines après l'opération.

Notre petit opéré de bec-de-lièvre était un enfant extrêmement frêle qui a succombé 48 heures après l'opération d'un bec-de-lièvre compliqué, qui avait nécessité des décollements très étendus.

Une jeune fille, atteinte de péritonite suppurée partie vraisemblablement de l'appendice cæcal, a succombé malgré une laparotomie suivie d'un lavage du péritoine.

L'enfant atteint de pleurésie purulente gangreneuse consécutive à la rougeole, a succombé aux progrès de la tuberculose et surtout de la suppuration qui avait disséqué tout le lobe inférieur du poumon.

Restent les deux morts consécutives à la résection de la hanche. L'une d'elles a été due aux progrès de la tuberculose dans une coxalgie suppurée à marche envahissante. La dernière est survenue chez une jeune fille atteinte de coxalgie double, et chez laquelle nous avions pratiqué une résection orthopédique de la hanche pour remédier à une ankylose vicieuse. Chez cette jeune fille, nous avions trouvé avant l'opération une très légère quantité d'albumine dans l'urine ; nous avons eu le tort de passer outre, espérant que cette albuminurie insignifiante n'aurait aucune influence fâcheuse sur la marche du traumatisme opératoire. Il n'en a rien été ; immédiatement après l'opération, nous avons été frappé de l'abondance du suintement sanguin qui s'est prolongé fort longtemps ; bientôt de l'œdème, une albuminurie considérable, sont venus compliquer la situation, et au bout de quelques semaines, la mort est survenue par urémie.

Si nous récapitulons les causes de mort dans ces 7 observations, nous voyons que, dans aucune d'elles, la terminaison fatale n'a été due à des complications provenant de l'inobservance des précautions antiseptiques; nous n'avons eu, ni lymphangite, ni érysipèle, ni septicémie. La seule mort qui puisse véritablement être mise sur le compte de l'action chirurgicale, c'est celle de la jeune fille à la résection orthopédique de la hanche. Et nous y insistons, car elle comporte en soi un précieux enseignement. Elle nous montre combien nous devons toujours tenir compte de l'état général, si nous voulons éviter ces accidents et ces complications imprévus qui sont les véritables calamités de la chirurgie.

Réunissant en un même tableau toutes les opérations de chirurgie orthopédique que nous avons pratiquées, soit à la consultation, soit dans le service intérieur de l'hôpital, nous arrivons aux résultats suivants :

1° *Opérations pratiquées pour pieds bots.*

Réduction forcée sous le chloroforme	5
Ténotomies du tendon d'Achille	13
Sections sous-cutanées de l'aponévrose plantaire	11
Ténotomies du tendon d'Achille et de l'aponévrose plantaire	6
Opérations de Phelps	21
Arthrodèses pour pied bot paralytique	3

2° *Opérations pour courbures rachitiques des tibias.*

Ostéotomies du tibia	9
Ostéoclasies manuelles	3

3° *Opérations pour genu valgum.*

Ostéoclasies manuelles	4
Ostéotomies	8

4° *Opérations diverses.*

Ostéotomies sous-trochantériennes	3

Résection de la hanche pour ankylose vicieuse..	1
Résection pour luxation non réduite.........	1
Ténotomies du sterno-mastoïdien, dont 2 sous-cutanées, et 2 à ciel ouvert..............	4
Opération de Hoffa pour luxation congénitale de la hanche.......................	1
Autoplasties de la main..................	3
Syndactylie..............................	1
Orteils en marteau.....................	2

Soit un total de 99 opérations relatives à la chirurgie orthopédique, sur lesquelles nous avons eu à déplorer 2 morts, l'une par broncho-pneumonie, l'autre par urémie.

Pour ce qui est de l'opération de Phelps en particulier, l'année dernière, réunissant nos faits de 1889 à ceux de 1890, nous étions arrivés à un total de 13 faits; si nous y ajoutons nos 21 cas de cette année, cela nous donne 34 opérations par la méthode de Phelps sans un seul accident, et avec des résultats qui ont toujours été, nous ne dirons pas parfaits, mais du moins satisfaisants. C'est là, du reste, un point que nous ne voulons pas développer ici, et dont nous ferons l'objet d'un travail spécial.

Si, en terminant, nous jetons les yeux sur le travail accompli, nous voyons que nous avons fait de grands progrès dans l'installation de notre service. Nous ne nous dissimulons pas toutefois qu'il nous reste encore beaucoup à faire. Avec le bon concours de l'administration générale de l'Assistance publique, nous ne désespérons pas d'arriver à constituer notre service de chirurgie orthopédique d'une manière conforme aux besoins de la science et aux intérêts des malades.

Nous demandions, l'année dernière, que le nombre des élèves attachés à notre service fût augmenté; sur ce point, nous avons obtenu satisfaction, et, à partir de l'année prochaine, notre service comprendra 2 internes et 4 externes. Nous demandions en outre qu'un crédit spécial nous fût alloué pour fournir aux malades indigents les appareils indispensables; sur ce point encore, nous avons obtenu gain de cause. Il nous reste à l'heure actuelle, un double vœu à émettre ; le premier, le principal, c'est l'adjonction à notre service de quelques lits destinés à recevoir les malades qui auraient subi des opérations trop sérieuses pour qu'ils puissent être emmenés immédiatement dans leurs familles. Faute de cela, jamais notre service et notre enseignement, ne pourront se développer complètement; car il est, nous le répétons, plusieurs groupes d'opérations qu'il nous est impossible, vu leur gravité et leur importance, de pratiquer sur des enfants qui doivent être immédiatement transportés chez eux.

L'autre condition indispensable au développement de notre service, c'est la création d'un laboratoire où nous puissions commodément étudier et conserver les riches matériaux anatomiques qui sont à notre disposition.

A un moment où, de toutes parts, on fait des efforts pour étendre et améliorer l'enseignement clinique dans les hôpitaux de Paris, nous avons bon espoir que nos justes demandes seront écoutées.

IMPRIMERIE LEMALE ET Cie, HAVRE

www.ingramcontent.com/pod-product-compliance
Ingram Content Group UK Ltd.
Pitfield, Milton Keynes, MK11 3LW, UK
UKHW021036220726
13924UKWH00001B/362

9 782019 910006